Greeting Quilt

グリーティング　キルト

想いを届ける5cmの世界　103シーン

絵模様のパッチワーク

森山百合子　＆　純子

想いを届ける5センチの世界

小さなキルトをミニ額に入れて「Thank　You」とカードを添えて贈り、
とても喜ばれたことがありました。　これがグリーティングキルトの始まりです。
幼い頃から布が好きで、小さなはぎれ布も捨てられず大切に集めた宝の箱があります。
そこから取り出した小さい布に、ワクワクしながら、少しの時間で完成させた
５ｃｍの世界です。大きな作品は、好みや場所を選びますが、この小さな使者は、
小さいからどこにでも飾れ、その場の雰囲気に溶け込みます。
そして、小さいからカード感覚で贈ることができるのです。
こんにち、世の中の諸事情で会うことが以前より困難になっているようです。
そんな時、大切な方々へ、グリーティングキルトで想いを届けてみませんか。
きっと心をつなげてくれるでしょう。
散歩で出会う野の花、庭先の花々、街の様子、旅や毎日の暮らしの中にデザイン、
アイデアは沢山あります。
作る楽しさ、贈る喜び、飾る嬉しさ、その過程を想い浮かべながら…。

材料

残り布、不織布、ミシン糸、手縫い糸、刺繍糸、細い針、小ばさみ、ボンド、楊枝

Contents

飾る・・・・・・・・・・・・・・6

こんな一言集・・・・・・・・・11

風景・・・・・・・・・・・・・・15

山
都会の中で
川
湖
海
パステルの世界

花・・・・・・・・・・・・・・・38

春
夏
秋
実り

歳時記・・・・・・・・・・・・・55

新春
春
節句
初夏
夏
秋
クリスマス

暮らしの中で・・・・・・・・ 69

図案集・・・・・・・・・・・・74

HOW TO MAKE・・・・・・・87

Entrance

-玄関-

四季やイベントに合わせて
キルトも額もチェンジ

こんな飾り方も

Bookshelf - 本棚 -

Piano Side - ピアノ -

On The Desk - 机上 -

Bath Room

- 洗面所 -

Toilet

-トイレ-

Living Room

-リビング-

Kitchen

- キッチン -

「ありがとう」

「お元気ですか?」

一言でも、優しい言葉の連鎖は幸せを運びます。
添える一言をあつめてみました。

季節のあいさつ・イベント

あけまして　おめでとうございます

Happy holidays

謹賀新年

A Happy New Year

Merry Christmas

祝！

ご入学おめでとうございます

ご卒業おめでとうございます

暑中お見舞い申し上げます

お誕生日おめでとうございます

Happy Birthday

Happy
Holloween

Congratulations

ご結婚おめでとうございます

To Welcome your New Baby

また、会おうね！

お元気でお過ごしください

ご無沙汰をお許し下さい

遊びに来てね

無理しないでね

寒くなりましたね、お元気でお過ごしですか？

嬉しかったです

きっと良くなると信じています

良い旅を！

いつもありがとう

お元気ですか？
久しぶりにお会いしたいです

暑い日が続きますので、お体にお気を付けください

大変お世話になりました

幸せが沢山訪れますように

お疲れさまでした

あなたのこと忘れません

感謝でいっぱいです

ごめんなさい

おじいちゃんまた遊びに行くね

パパ大好き

楽しかったね

ばあば、いつまでも元気でいてね

ありがとうございます

お母さん　ありがとう！

英語での一言

Wish you every happiness today and always

I miss you

have fun

just for you

You can do it

Your my friend!

I Love You

Thank you!

Just Good Friend !

Think of you

Take it easy

See you again

I'm glad to see you

Cheers!

Get well Quick

Cheer Up

Stay with you

Bless you

A get Well

Deepest Sympathy

In Sympathy

Think of you with Deepest Sympathy

風　景

・山
・都会の中で
・川
・湖
・海
・パステルの世界

1．ひな鳥

あかとんぼ
50cm×60cm

3. ホトトギスの鳴く丘

近くの里山の、お寺の庭から見渡せる村の景色です。
ホトトギスの澄んだ声が響きます。

2. まきば

5. 春の丘

4. 春うらら

春の柔らかい日差し。
♪うららうららとみなうらら…
童謡にある眠くなるような春の日です。

6. 丘の家

庭にある大きなかやの木は、アーモンドに似た実が沢山落ちてきて、
春には子育て中の鳥の親子のかわいい姿と「ちゃあ　ちゃあ」と
鳴き声が聞こえます。この木は多くの鳥たちの憩いの場なのです。

7. 白い家並

8．菜の花畑

同じ図案から色んな季節を

山、丘、木々それぞれ違う色の布で仕上げると
四季折々な景色が創りだせます。
夕暮れの菜の花畑も、初夏の田園も…

9．故郷の陽ざし

畑の間や森の中を通り抜ける風や光。
田園風景の美しさです。

10. 銀嶺

日本にはない景色を目の当たりにすると、一瞬時が止まり、記憶に焼き付きます。
図案を描いていると、そんな記憶のアルバムから情景が思い浮かぶのです。

11. 柿の木

秋、刈取りの済んだ道々には、くさもみじ。鳥たちが食べ残した柿の実もちらほら。
静かな里の秋です

12. 峠の大きな木

13. ハーベスト

植木の産地のこの辺りは、曲がりくねった坂道が多く、
途中に見える大きな木々には、いつも見とれてしまいます。

14. 夕映え

15. 虹

空を赤や紫に染める夕映え、消えるまで眺めてしまう七色の虹、自然の創りだす色彩は、配色のお手本です。

夕焼けこやけ
90cm×110cm

三人の夕日
50cm×60cm

♪夕焼けこやけで日が暮れて
♪ギンギンギラギラ夕日が沈む
♪夕焼け小焼けの赤とんぼ
夕日の歌は沢山あります。
それをイメージして縫ってます。

16. 夕やけこやけ

14ポケットのリュック
42cm×30cm×10cm

私は夕陽を眺めるのが好き。
海、山、ビルの谷間、沢山の美しい夕陽を見てきました。
庭から見える夕陽は一日の終わりのファンファーレです。
思いつくままに、布を染めデザインしました。

17. セントラルパーク

鬱蒼とした緑に囲まれ、
その向こうに見える高層ビル。
大都会NYは自然うとまく調和しています。

18. ぼたん雪

ぼたん雪が街を包んでいました。
静かな午後です。

隅田川暮色
65cm×80cm

隅田川のこの辺りは写真家の人気スポット。
光が創りだす夜景と夕日が創りだすグラデーションは何度見ても飽きません。

River －川－

19．水辺

21．リバーサイド

大阪の大川八軒家浜にあるまぐろスタジアム（※1）からの風景。
ここは春の桜、夏の天神祭り、年間通してクルーズが楽しめます

20．せせらぎ

Aroud The Lake - 湖 -

水を深くたたえた湖。湖の四季を表現しました。

22. 湖畔の村

23. やまびこ

24. 夏の日

25. 夕日の湖

26. 春の湖

Aroud The Ocean - 海 -

27. 水平線

28. 白い帆

29. 南の島

30. バケーション

31. 港町

32. ヨットハーバー

33. サンライズ

34. 夕暮れ

Pastel －パステル－

35. 朝日

36. 草原

37. 虹色

歴史ある染料の会社にお願いして虹色染めを作りました。
虹のように何色でも表現できたらいいなぁとの想いから
三女が命名しました。

虹色染め

お湯を使わない、水洗いしない、他の薬品を使わない、
色落ちしないと、染色の常識を超えたものです。
赤　青、黄、黒の4色の濃い液体です。
作品はこの虹色染めで染めた綿の布で作りました。
空気、風、光をお届けできたら最高です！

38．夕暮れの丘

39．虹色

40．ポプラ並木

41．入道雲

42. 花畑

43. 夜明け

次々に花があふれ咲く庭、ここにアトリエを設けて長い月日が経ちました。宿根草は手入れに手間が掛からない孝行者です。
この庭では、農薬は使わない、肥料は枯草を乾かして土に埋め込み、水は雨水だけなのです。暑い日は、はらはらしながら空を眺め雨が降れば感謝する毎日です。春になると、何事もなかったかのように花が咲き乱れ、幸せな時間が訪れます。

手抜きの花づくりと言えば、阪急池田駅前のハーブガーデンです。
随分前からハーブ園の手入れをしています。
冬の間に苗を植え、春に花咲くのを待ちます。
お金と手間の掛からない花いっぱい運動を提案しています。

花

・春
・夏
・秋
・実り

44. 椿

45. 桜

46. すずらん

以前に絶えてしまったはずのスズランの芽を見つけました。信じられない思いで毎日眺めていましたら、
こんなかわいい花が咲きました。うれしい春でした。こんな可憐なスズランに毒があるなて…

47. たんぽぽ

48. チューリップ Pink

49. チューリップ Bule

50. すみれ

ラベンダーは挿し木でよく増えます。ミツバチは沢山集まってきて、近くにあるブルーベリーの受粉のお手伝いをします。

ラベンダーと時期を同じくして庭に咲く、ヒルサキツキミソウ。こぼれ種で咲く丈夫な性質とは裏腹に、見るからに華奢な薄いピンク色の花が咲きます。風に揺れている花を見ていると、小さい子供を見ているような優しい気持ちになります。

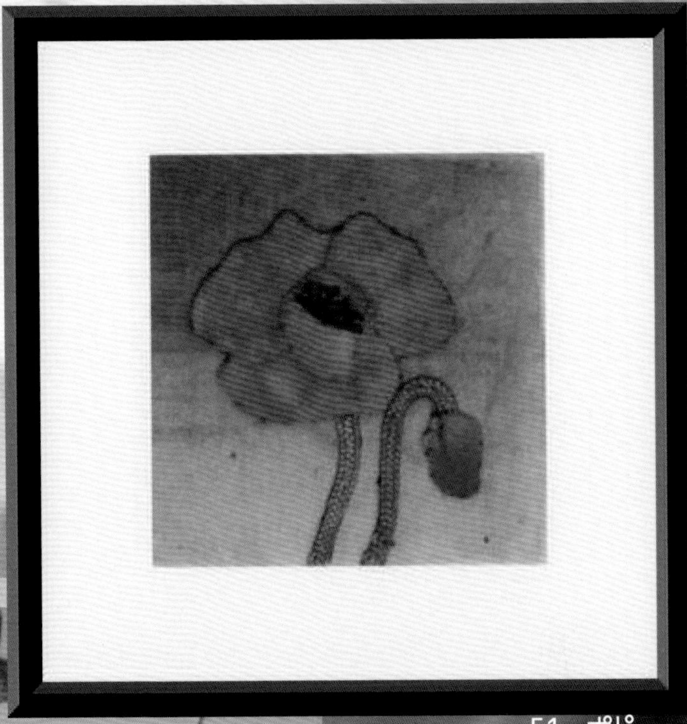

51. ポピー

春、一斉に咲き、一斉に散るポピー。
毎年こぼれ種であちこちに咲くこのイベントはずーっと続いています。風に揺れる華やかな花弁の美しさに、ため息が出ます。

52．あやめ

立葵の花が咲き終わると梅雨が明けると言われますが　本当かな？

53．立葵

54．あじさい

55. ばら

バラは良い花を咲かせるのには、とても世話が大変と言われていますので手のかからない丈夫なものだけを植えています。少し油断するとジャングルみたいに育ってしまいます。それが嬉しくて。

56. なにわいばら

57. クリスマスローズ

58. クレマチスアーマンディ

早春の夕暮れ、アトリエの入り口に甘い香りが漂います。白いクレマチスの花網です。この時期、クリスマスローズと共にあふれ咲きます。クリスマスローズは、こぼれ種でよく増えるたくましい春の妖精です。

60．ひまわり

59．あさがお

61．コスモス

コスモスは、春に芽が出だしてから秋に咲くまで、長い間、
庭を占領します。毎年こぼれ種で沢山咲きます。
大きく摘心をすると花数も増え倒れないようになります。

♪森の木陰でドンジャラホイ♪一晩中踊って、
おや？　　帽子を忘れていったようです

62. 小人さんの忘れ物

森の小人
50cm×60cm

63. 紅葉

64. クローバー

四つ葉を見つけると幸せになれる
なんとロマンティックな言い伝えでしょう

65. ブーケ

66. さくらんぼ

67. いちご

アメリカザイフリボクは小さな桜の様な花が房になって咲き、花と入れ替えに葉が出てくる美しい木です。深い赤い実は柔らかく少し甘みがあります。
ジャムにしようと思っている間に鳥たちに食べつくされてしまいます。ちゃんと美味しい時期を知っているのですね。

ブラックベリー、ラズベリー、ブルーベリー、ワイルドストロベリーなど、次々と熟し摘み取るのが楽しみです。
この時期の朝食のお皿はとてもカラフルです。

68. ジューンベリー

薬用植物ですが、難転即ち難を転ずることから縁起の良い木とされ、鬼門に植えると良いと言われている。お赤飯にナンテンの葉をのせるのは防腐の役目も。

69. 南天

70. ぶどう

ブーケ
100cm×60cm

歳 時 記

・新春
・春
・節句
・初夏
・夏
・秋
・クリスマス

新春

梅のつぼみと咲き始めた花の香りに
魅せられています。

71．梅

72．富士の春

春

73. ハミング

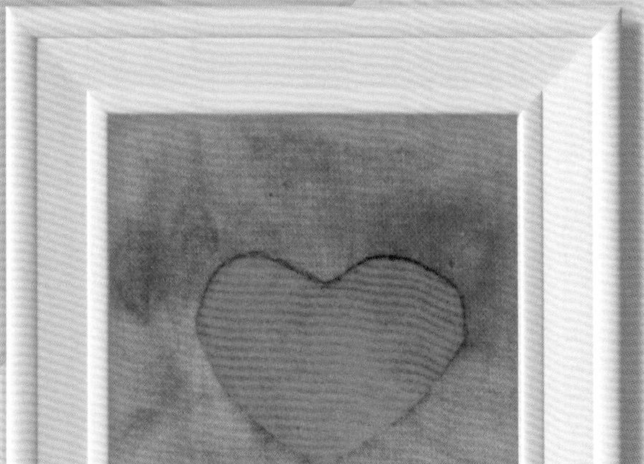

74. St.バレンタイン

節句

75. ひなまつり

76. こいのぼり

初夏

77．カーネーション

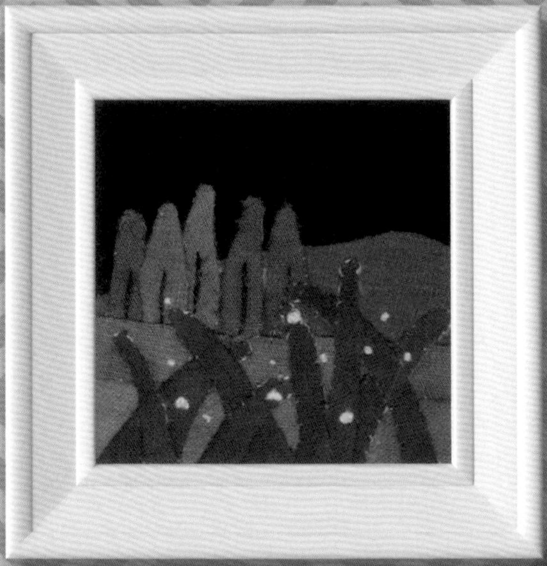

78．蛍

近くの田んぼに蛍が飛び始め、夏の訪れを告げてくれます。ふわり　ふわりと幻想的な世界。

79．ジューンブライド

夏

80．七夕

81．海上の花火

82．都会の花火

秋

83．十五夜

84．風船

85．ハロウィン

Merry Christmas

86. クリスマスの教会

87. ホワイトクリスマス

88. プレゼント

89. 山のクリスマス

90．聖夜

91．ムーンライト

92．星降る夜

93．もみの木

94．スノーマン

ただただ静かに雪が降り積もり、雪だるまが夜明け待ってまいす。元気に遊ぶ子供たちを思い浮かべながら…

暮らしの中で

95. お気に入り

♪ぴっちぴっちちゃっぷちゃぷらんらんらん♪
子供って傘が好きですよね。雨の日だって明るく楽しく。

96. 花かご

窓辺にお気に入りの花を飾って、幸せが訪れる予感。

97. 秋の夜

燈火親しむ頃、秋の夜長は手芸や読書と、
一人の世界に心落ち着くひとときです。

98. コーヒーブレイク

99. ようこそ

旅先で出会ったこんな場面。懐かしさを感じます。

ロシアの手芸作家達は、各々で工夫した人形を沢山作り、出会った仲間にプレゼントします。ポプリの人形は「バイカル湖の草の香りよ」と頂いたもの。いつまでも心に残る出会いです。

100．乳母車

2～3枚の布を針を使わずに糸で縛るだけの
小さなロシア人形

3人の仲間
頭はウッドビーズ、髪は刺繍糸、
服は巻き付けただけのもの。
植木鉢の中を散歩中です。

小指ほどの人形で、
名刺と共に
頂いたものです。

101．クラシックドール

ロシアの素朴なわら人形。カゴや靴は草で編んでいます。

102. みのり

大きな喜びである年に一度の収穫。
嬉しい夕暮れです。

103. ティータイム

大きなティーカップ一杯の飲み物は、紅茶？ハーブティー？
ゆったりとした自分の時間を大切にしたいものです。

図　案　集

〈実物大〉

1

2

3

4

5

6

7

8

9

10

11

12

13

14

15

16

17

18

19

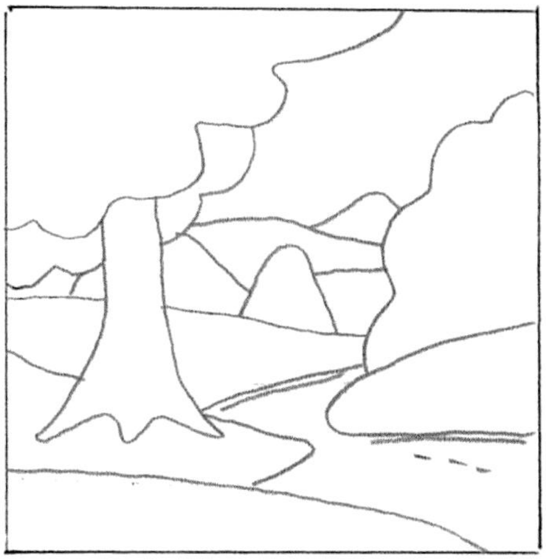

20

21

22

23

24

25

26

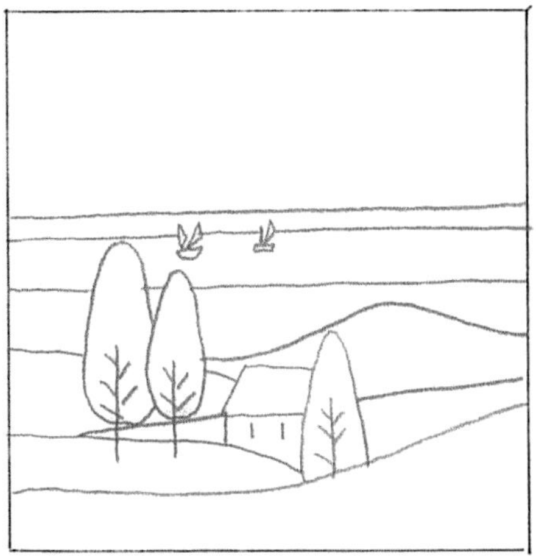

27

28

29

30

31

32

33

34

35,36,37

38

39

40

41

42

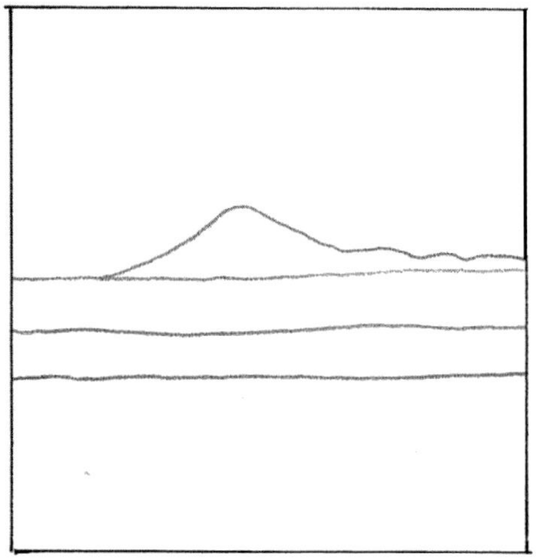

43

44

45

46

47

48

49

50

51

52

53

54

55

56

57

58

59

60

61

62

63

64

65

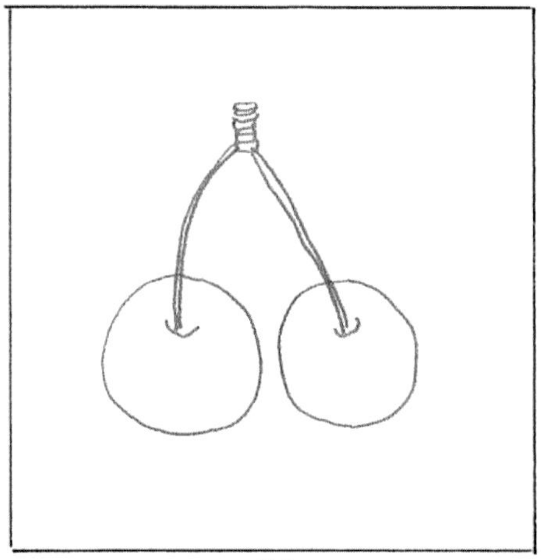

66

67

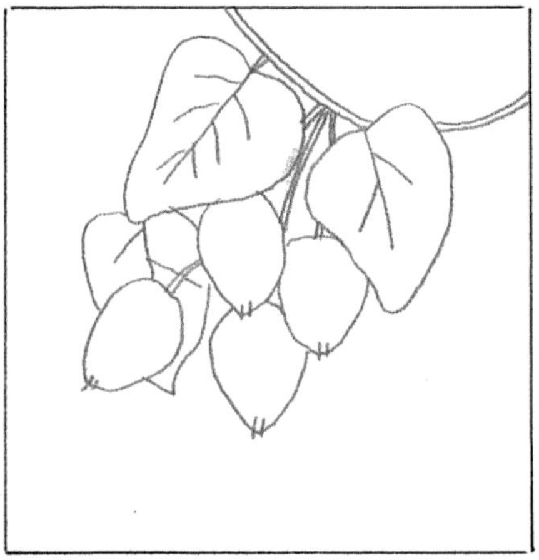

68

69

70

71

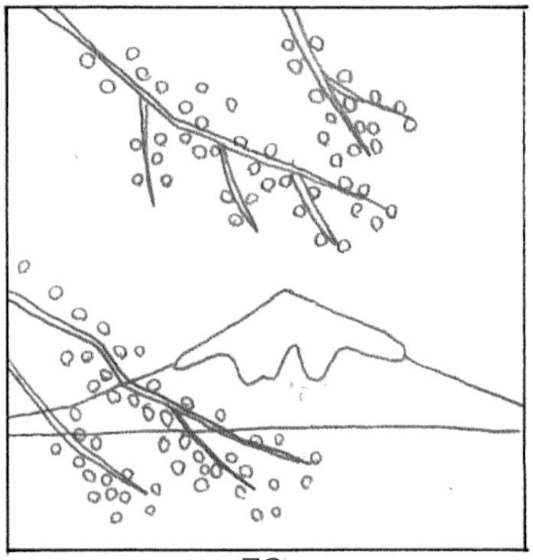

72

73

74

75

76

77

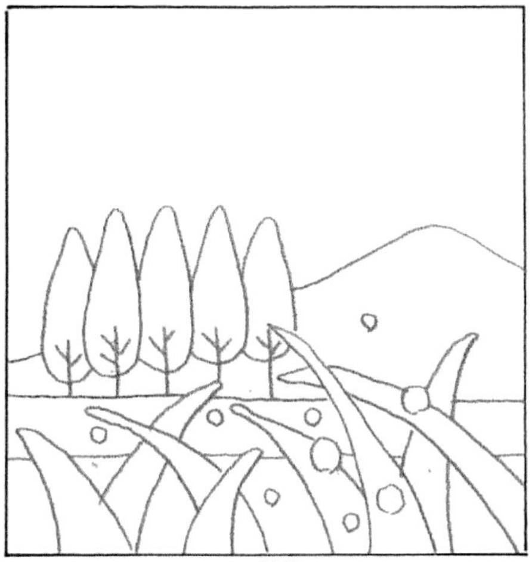

78

79

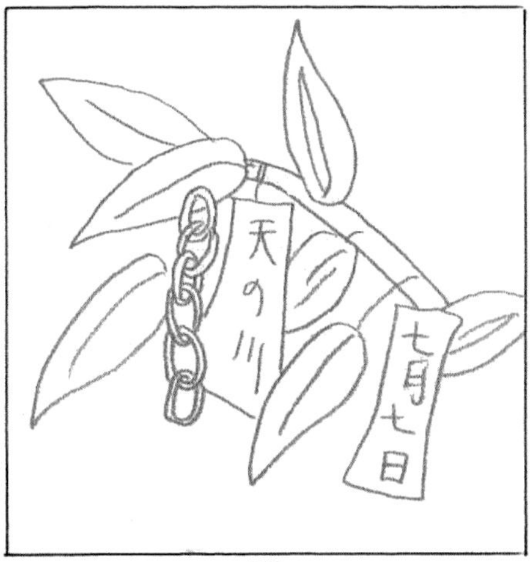

80

81

82

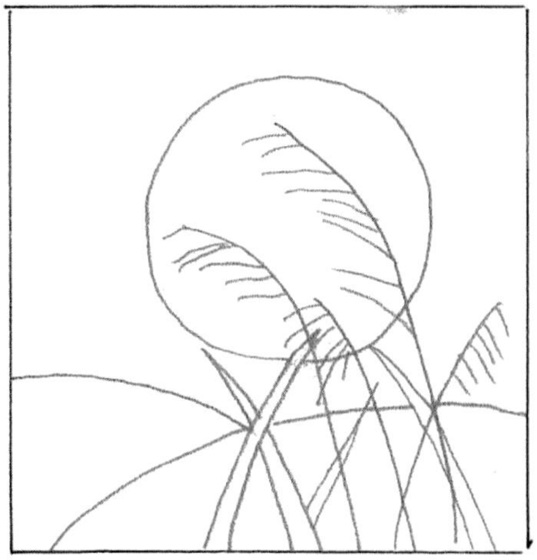

83

84

85

86

87

88

89

90

91

92

93

94

95

96

97

98

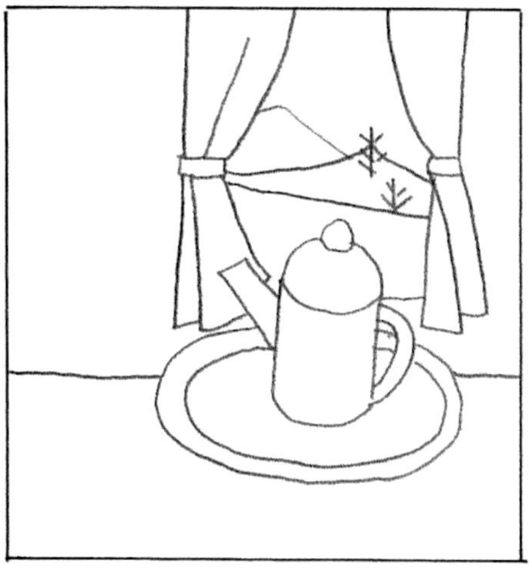

99

100

101

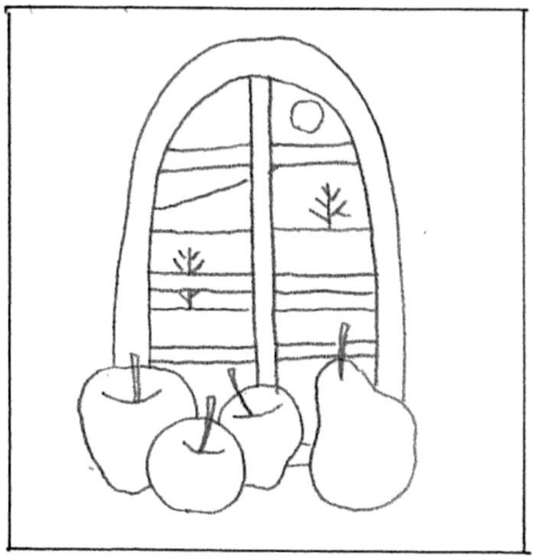

102

103

How to make

作り方

材料

・土台用布
・ごく薄いキルト用綿
・接着芯
} 各８㎝×８㎝

・はぎれ布
・刺繍糸
} 少々

あると便利なもの
ボンド、爪楊枝

一番大切なのは布遊びです。大きな花柄や、古い洋服の柄の部分などを使うと面白いです。
パッチワークの作品作りで出る、小さな小さなはぎれ達がここでは主役です。

作品の中で使っている、むら染めは「虹色染め」で簡単に作れます。（P93参照）

この本で使用するテクニック

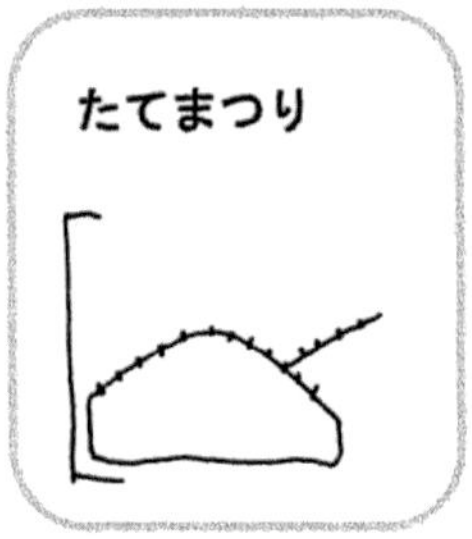

・木の幹
・葉脈
・花火

・家の窓
・木の枝
・花火

・水面の波形
・ビルの窓

・小さな花
・花の中心
・木の花

森山百合子考案の不織布を使用した方法でパーツを作る

A. 木をつくる

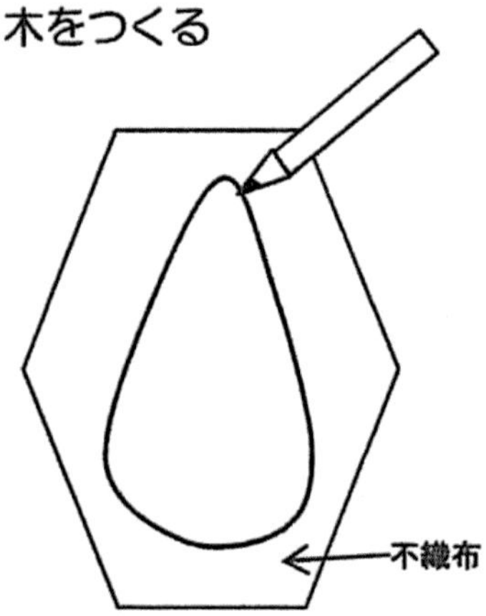

不織布に図案から木の型を写す

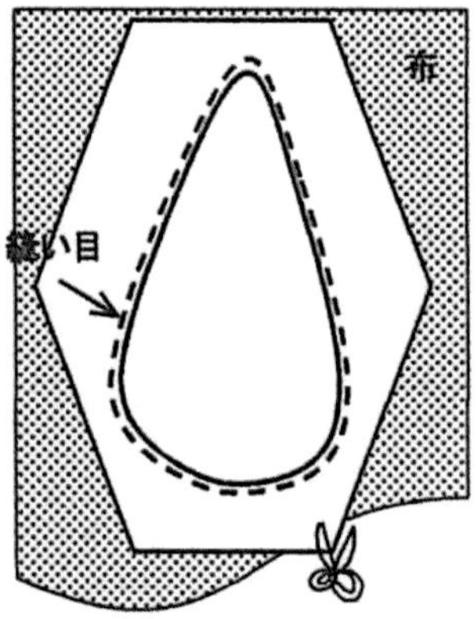

布の上に線を描いた不織布を乗せ線の１㎜ぐらい外側を縫い、３㎜程残して切り落とす

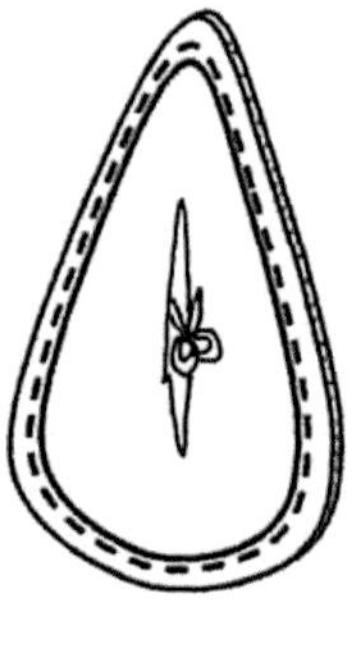

不織布に切れ目を入れ、ひっくり返す。

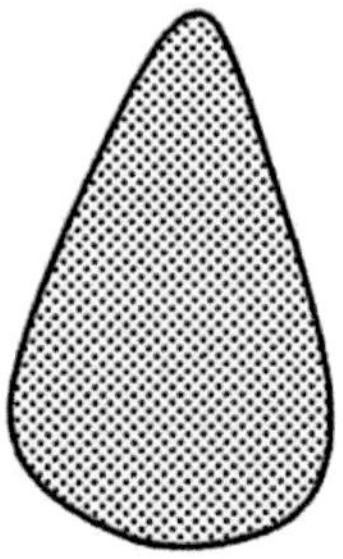

木の出来上がり

B. 山・丘をつくる

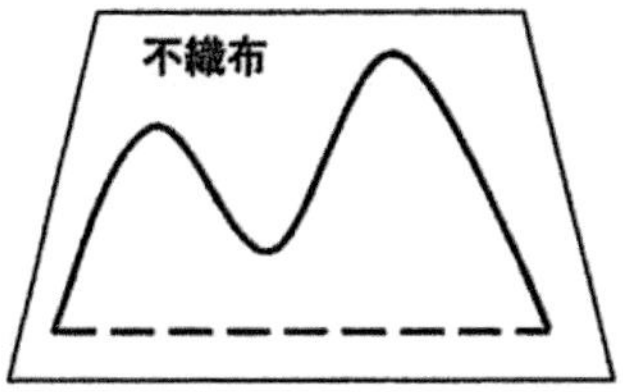

①不織布に図案から丘や山の型を写す

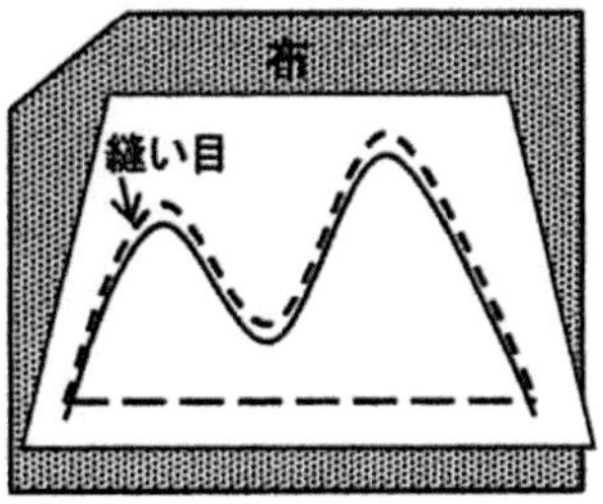

②布の上に線を描いた不織布を置き実線の 1 ㎜ぐらい外側を縫い、3 ㎜程残して切り落とす

③谷の部分に数か所切り込みを入れひっくり返す

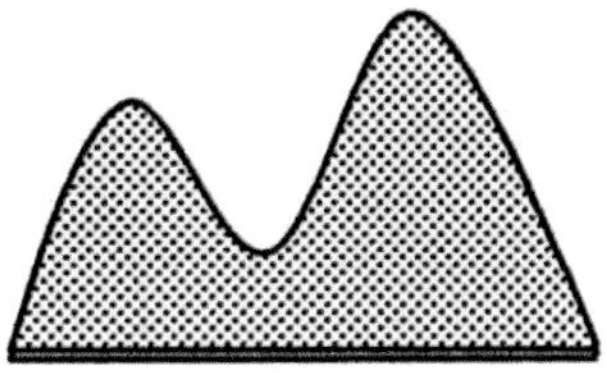

④山、丘の出来上がり

C. 家、ビルをつくる

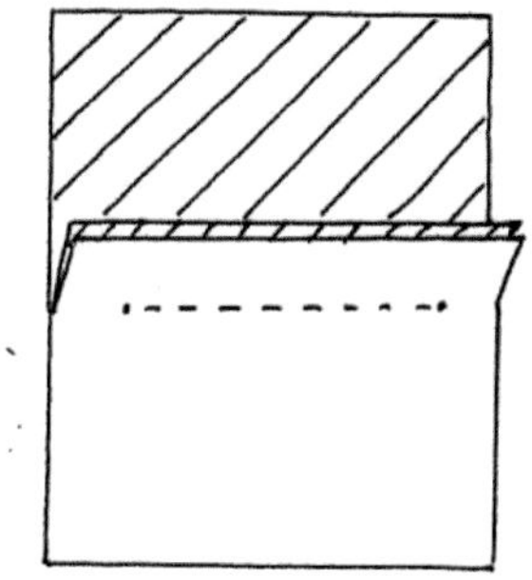

壁の布と屋根の布を図のように縫い合わせる。両端は縫わずに開けておく。

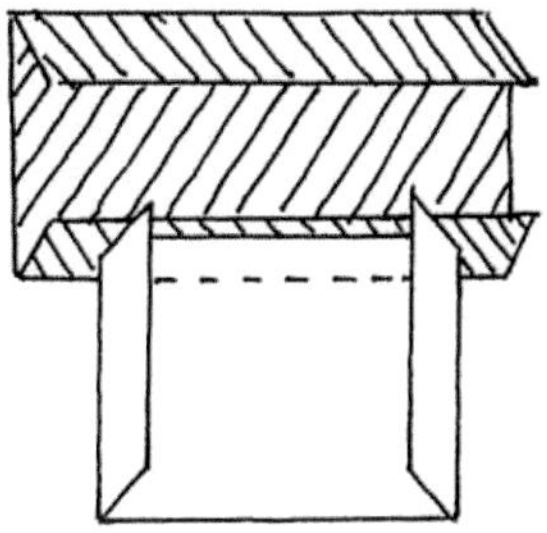

屋根の上部と壁の両端を折る。

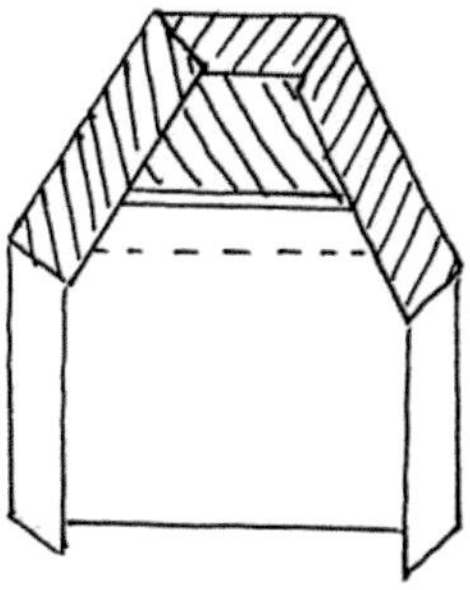

屋根の両サイドを斜めに折りアイロンで押さえ、ボンドを少量つけ仮止めする。ボンドは楊枝の先で付けると作業しやすい。

◎ビルなど直線の建物は、図案の大きさに合わせてアイロンで折り、ボンドで仮止めする。家同様、ボンドは少量を楊枝の先でつけると作業しやすい。

- この基本のパーツの組み合わせで柄を作ります
- 図案を基本にするので、型紙は作りません

作品の作り方

A. 風景（P20, No.9）

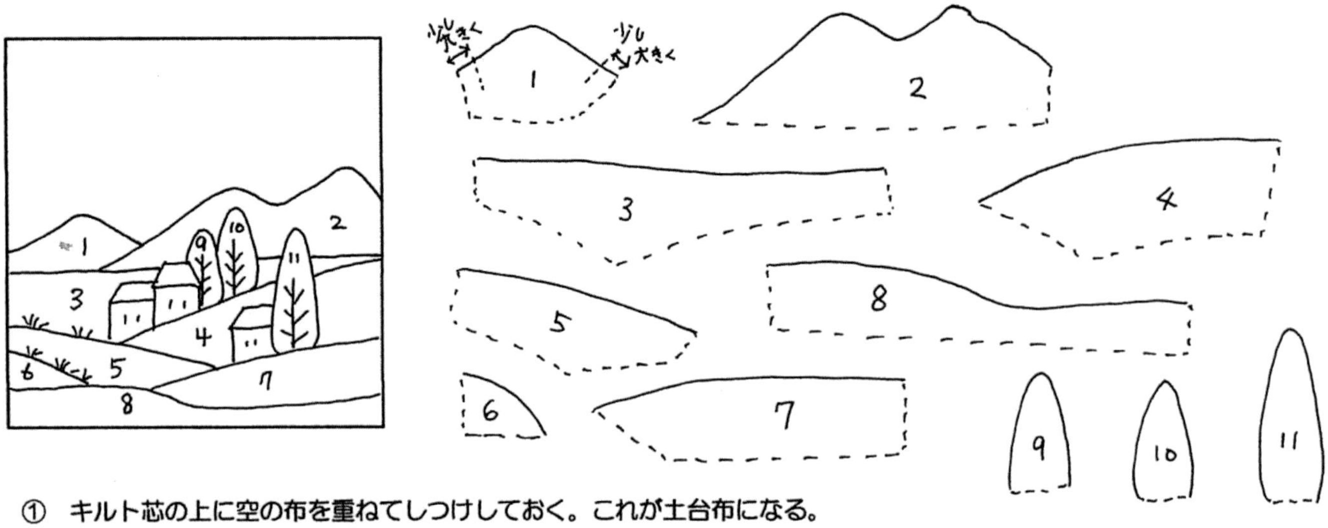

① キルト芯の上に空の布を重ねてしつけしておく。これが土台布になる。
② 図案に番号をふる。家はアイロンで折るので番号は付けない。
③ 不織布に図案を写し描く。線が見えない部分、重なっている部分は少し大きめに点線で描いておき、後でカットする。
④ パーツの基本の作り方で各パーツを作る。
⑤ 図案の上でパーツを組み立てる。ボンドをほんの少しつけて動かないように固定する。土台布に乗せる。
⑥ たてまつり、刺繍をする。
⑦ 裏から接着芯を貼り、5.5 ㎝でカットする。

B. 花（P41, No.49）

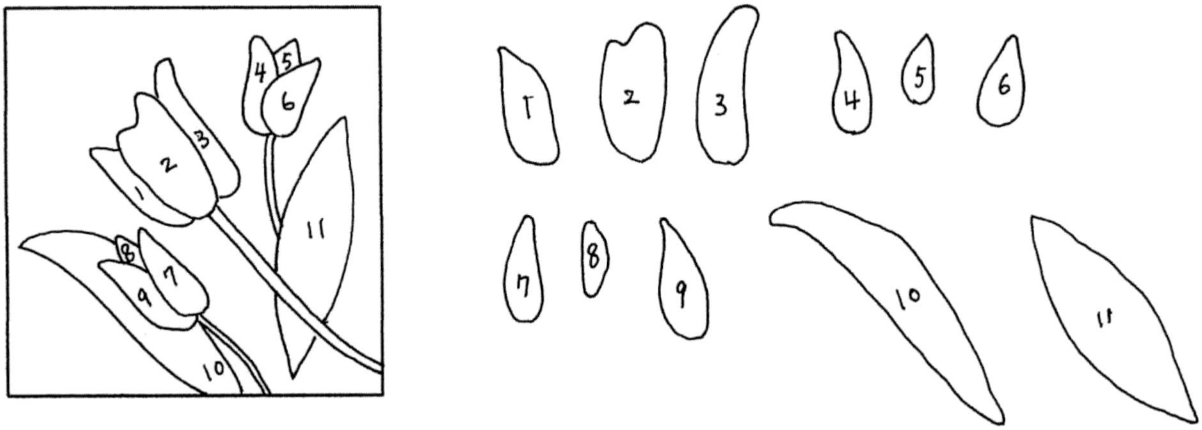

① キルト芯に土台布を重ねてしつけておく。
② 図案に番号をつける。
③ 不織布に写し描く。
④ 花は木の作り方と同様。
⑤ 茎は細いバイアステープを折って縫う。
⑥ 風景と同様、たてまつり、刺繍をし、裏に接着芯を貼った後、5.5 ㎝でカットする。

C. 木の実

木の作り方と同様。実に膨らみが欲しい時は、ほんの少し綿を入れる。

D. 花火

木の作り方で、図案に合わせて円形を作る。図案の上で組み立てボンドをつけ固定する。
刺繍糸１本どりでストレートステッチ、アウトラインステッチをする。ビルの明かりは、ランニングステッチ。

E. 窓

① 土台布に窓の枠型にくり抜いた布（作品では空色の布を用いている）を貼る。
② サンを縫い付ける
③ 周りは、白いバイアステープをアイロンでカーブを出しながら縫い付ける
④ 花と植木鉢を置く

F. その他のポイント

☆クリスマスのキラキラはラメ入りマネキュアを使用しました

◇糸はグレーかベージュの細いもの、
◇針もできるだけ細いもの
◇刺繍は１本どりでする
◇額は 100 円ショップで見つけた物にペイントしました。

森山百合子　絵模様のパッチワーク

作品を作ること
作り方を教えること
作品を身の回りに飾って楽しむこと
皆で作品展をすること

そして今
コンセプトから考えて制作した作品と、社会とをつなぐ
展示を楽しんでいます

…　常 設 展 示　…

大起水産　京都タワーサンド店

大起水産　まぐろスタジアム 八軒家浜店 （P29 ※１）

入口　ウェルカムボード

店内　2作品　300cm×90cm

… 常 設 展 示 …

大起水産　京都伏見店

大起水産　河原町三条店

佐賀県立 アバンセホール

300cm×200cm

名古屋　龍興寺

タペストリー制作中

… ご 案 内 …

<u>虹色染め</u>

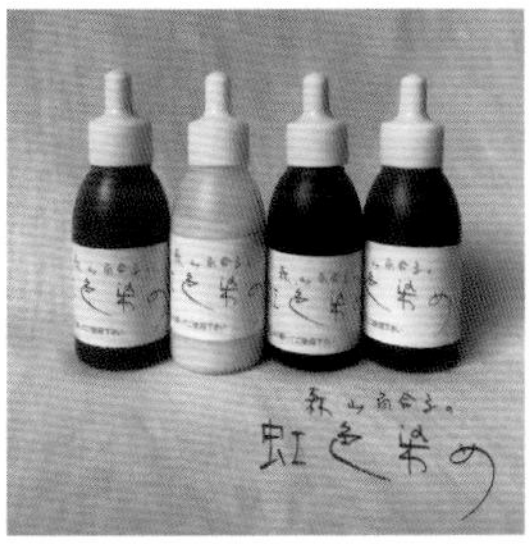

森山百合子がプロデュースした4色の組み合わせで沢山の色が
染められる虹色染め。
お湯や媒染剤を使わず少量の水で簡単に手染めができます。

￥2800＋税＋送料

<u>不織布</u>　カーブを出すのに便利です。薄いので柄を写すこともでき、アイロンもOK。接着芯ではありません。

サイズ：100㎝× 120㎝　　　￥450（税＋送料込み)

<u>虹色染め、不織布の購入、お問い合わせ　：　office@moriyamayuriko.jp　/　090-3721-0085</u>

epilogue

2020春、新型コロナウイルスが世界的に流行し、先が見えない状況が続きステイホームが呼びかけられました。
そんな時間とエネルギーのある中、この本の企画が持ち上がり進めていきました。
庭の木々や花は、何事もなかったように芽を出し、次々花が咲き "変わらないもの" に気持ちが癒されたのを覚えています。
私如きの写真素人でも、庭の花たちや作品が何とか被写体になったのは、カメラの性能が信じられないほど優れているからなのです。やっと覚えたLineでの写真やデザインのやり取りは東京と大阪の距離を縮めてくれました。
全てオンラインで動いている今日、やっとほんの少し世の中の流れに近づけたのかなと思います。
東京に住む純子は、3人の子供の休校が続き、3食の食事や休校中の対応、コロナ情報に耳を傾け対策に追われる毎日の中、全く未経験の本づくりの企画、レイアウト、作品のデザイン、作品制作に頑張って挑戦しました。
異常な猛暑を超え酷暑と言われる今年でしたが、時に冷や汗をかいた思い出の多い夏もそろそろ終わり、秋がやってきます。

2020年9月　　森山　百合子

Greeting Quilt グリーティングキルト
想いを届ける5㎝の世界 103シーン

森山 百合子

群馬大学教育学部卒業後、アメリカNYへ留学。テキスタイルデザインを学び、帰国後、商社・大手企業のテキスタイルデザイナーとしてファッション企画などの経歴を経て独立。不織布を用いたテクニックの絵模様のパッチワークを考案。
京都文教短期大学非常勤講師経、
NHKカルチャー梅田講師。

出版
◎絵模様のパッチワーク＆ホワイトシャレー
日本語版、中国語版　（三帆舎）
◎手染め布で描く絵模様のパッチワーク
日本語版、中国語版　（パッチワーク通信社）
◎はぎれ布で描く絵模様のパッチワーク
日本語版、中国語版　（パッチワーク通信社）

企画・制作・出版
「私の青春　東洋の魔女と呼ばれて　谷田絹子」　（三帆舎）

制作協力者（敬称略）
作品デザイン＆制作
森山 百合子
純子

撮　影　森山 百合子
作　図　純子
レイアウト　純子
編　集　純子

お問い合わせ先
メールアドレス　office@moriyamayuriko.jp
TEL　090-3721-0085
ホームページ　https://moriyamayuriko.jp
HP QRコード

Greeting Quilt　グリーティングキルト

発行日　2020年10月30日
著　者　森山 百合子　＆　純子
発行者　平井　由孝
発行所　三帆舎
兵庫県宝塚市清荒神1-17-16-101
TEL　0797-62-6021